I0541701

www.ingramcontent.com/pod-product-compliance
Lightning Source LLC
Chambersburg PA
CBRC090844120626
46551CB00011B/758

9798990003231

Jonah: A Biblical Hebrew Visual Reader
CC0 2025 by Sawyer Moranville
Lingua Deo Gloria Publishing
Collegeville, PA 19426

For the free PDF please visit LinguaDeoGloria.com
The base text, the Westminster Leningrad Codex, is in the public domain and was accessed from tanach.us.

Cover Design and Book Formatting: Sawyer and Kara Moranville
Illustrations: Generated by Adobe Photoshop AI

Lingua Deo Gloria Publishing
ISBN: 979-8-9900032-3-1

BRIEF LIST OF ABBREVIATIONS AND MARKS

<u>GENDER</u>
M = Masculine
F = Feminine
C = Common

<u>PERSON</u>
1 = First Person
2 = Second Person
3 = Third Person

<u>NUMBER</u>
S = Singular
P = Plural
D = Dual

<u>ASPECT</u>
PF = Perfect
IMPF = Imperfect
WAY = Wayyiqtol
WEQ = Weqatal
WEY = Weyiqtol
JUSS = Jussive
IMP = Imperative
COH = Cohortative
PASS PTCP = Passive Participle
INF CSTR = Infinitive Construct
INF ABS = Infinitive Absolute

<u>PART OF SPEECH</u>
V = Verb
N = Noun
ADJ = Adjective
ADV = Adverb
INT = Interjection
PREP = Preposition
PTCP = Participle

<u>STATE</u>
ABS = Absolute
CSTR = Construct

<u>BINYAN</u>
QAL = Qal
PUAL = Pual
PIEL = Piel
HIPH = Hiphil
HOPH = Hophal
NIPH = Niphal
HITP = Hithpael
POL = Polel

<u>MISCELLANEOUS</u>
Two opposite things (⟵⟶)
A command (!)
Derived from similar word (>)

A word that has a similar meaning (~)
A word that has the same meaning (=)

PARSING INFORMATION AND FOOTNOTES

Every word (or triliteral root) that appeared in the Hebrew Bible (HB) seventy times or less were placed at the bottom of the page in a footnote. Verbs in the footnotes appear as their simple triliteral roots. Nouns and adjectives appear in their nominative, singular forms with a corresponding gloss. Simple, uncontextual glosses and parsing of verbs, nouns, adjectives and participles were also provided to aid student learning and comprehension. Sometimes, if a common word appeared in an uncommon form, or had a unique meaning in context, I listed the word in the footnotes.

NOTE ON ILLUSTRATIONS IN TEXT

Often the illustrations directly correlate to their vocabulary words without ambiguity. However, if an abstract or difficult word appeared in the text but the corresponding graphic could be interpreted by the user in multiple ways, I placed the definition in the footnotes for complete clarity, so that the reader would not have to guess the definition. Because images can often be interepreted in many ways, please consult the lexicon to help grasp the true intent behind the illustrations.

PICTURE DICTIONARY AND GLOSSARY

Any word that could be expressed in image form, regardless of how often it occurs in the HB, appears in the picture dictionary even if it did not appear in the in-text footnotes. The forms that are given in the picture dictionary will be 3MS. However, only words that appear in the in-text footnotes will be found in the glossary at the end of this work. Also, I noted in the picture dictionary whether the words were verbs (V), nouns (N), adjectives (ADJ) or participles (PTCP).

SCAN QR CODE TO ACCESS FREE AUDIO OF JONAH IN HEBREW

ACKNOWLEDGEMENTS

Ezra Morley. Thank you so much. Your advice in producing this book and the creation of a script to help me systematize some work made this project far less time-consuming. Your help was truly a gift of God and saved me many hours of needless tinkering.

Thank you Andrew Case for being the the first person to suggest to me that quality biblical language materials should be given freely to the world, to reflect the character of a gracious God and to serve the Church of Jesus Christ - and especially for those in parts of the world who cannot afford quality Bible study materials and are blocked out by paywalls and copyrights. You are among a small tribe who believe such practices should be common practice in ministry.

יוֹנָה

1 וַיְהִי דְּבַר־יְהוָה אֶל־יוֹנָה[1] בֶן־אֲמִתַּי לֵאמֹר׃ **2** קוּם
לֵךְ אֶל־נִינְוֵה[2] הָעִיר הַגְּדוֹלָה וּקְרָא עָלֶיהָ כִּי־עָלְתָה
רָעָתָם לְפָנָי׃ **3** וַיָּקָם יוֹנָה לִבְרֹחַ[3] תַּרְשִׁישָׁה[4] מִלִּפְנֵי יְהוָה
וַיֵּרֶד יָפוֹ[5] וַיִּמְצָא אָנִיָּה[6] | בָּאָה תַרְשִׁישׁ וַיִּתֵּן שְׂכָרָהּ[7]
וַיֵּרֶד בָּהּ לָבוֹא עִמָּהֶם תַּרְשִׁישָׁה מִלִּפְנֵי יְהוָה׃ **4** וַיהוָה
הֵטִיל[8] רוּחַ־גְּדוֹלָה אֶל־הַיָּם וַיְהִי סַעַר[9]־גָּדוֹל בַּיָּם וְהָאֳנִיָּה
חִשְּׁבָה[10] לְהִשָּׁבֵר[11]׃ **5** וַיִּירְאוּ הַמַּלָּחִים[12] וַיִּזְעֲקוּ אִישׁ
אֶל־אֱלֹהָיו וַיָּטִלוּ אֶת־הַכֵּלִים אֲשֶׁר בָּאֳנִיָּה אֶל־הַיָּם

רָעָתָם = רָעַת־אַנְשֵׁי־נִינְוֵה

אֳנִיָּה = סְפִינָה

מַלָּחִים

לְהִשָּׁבֵר: נִשְׁבַּר

הֵטִיל (וַיָּטִלוּ)

1 יוֹנָה N MS 'Jonah'
2 נִינְוֵה N FS 'Ninevah' (a city in Assyria)
3 ברח QAL INF CSTR 'to flee'
4 תַּרְשִׁישׁ N FS 'Tarshish' + directional ה
5 יָפוֹ N FS 'Jaffa' (a port city on the coast of the Mediterranean sea)
6 אֳנִיָּה N FS 'ship'
7 שָׂכָר N MS 'wages, hire' (+ 3FS pronominal suffix)
8 טול HIPH PF 3MS 'to hurl/cast'
9 סַעַר N MS 'storm'
10 חשב PIEL PF 3FS 'to think, consider'
11 שבר NIPH INF CSTR 'to be broken up'
12 מַלָּח N MP 'mariner' (not to be confused with מַלְאָךְ 'messenger')

לְהָקֵל[1] מֵעֲלֵיהֶם וְיוֹנָה יָרַד אֶל־יַרְכְּתֵי[2] הַסְּפִינָה[3] וַיִּשְׁכַּב
וַיֵּרָדַם[4]: 6 וַיִּקְרַב אֵלָיו רַב[5] הַחֹבֵל[6] וַיֹּאמֶר לוֹ מַה־לְּךָ
נִרְדָּם קוּם קְרָא אֶל־אֱלֹהֶיךָ אוּלַי[7] יִתְעַשֵּׁת[8] הָאֱלֹהִים לָנוּ
וְלֹא נֹאבֵד: 7 וַיֹּאמְרוּ אִישׁ אֶל־רֵעֵהוּ לְכוּ וְנַפִּילָה[9]

וַיַּפִּלוּ גוֹרָלוֹת

גוֹרָלוֹת[10] וְנֵדְעָה בְּשֶׁלְּמִי[11] הָרָעָה הַזֹּאת לָנוּ וַיַּפִּלוּ
גּוֹרָלוֹת וַיִּפֹּל הַגּוֹרָל עַל־יוֹנָה: 8 וַיֹּאמְרוּ אֵלָיו הַגִּידָה־נָּא
לָנוּ בַּאֲשֶׁר לְמִי־הָרָעָה הַזֹּאת לָנוּ מַה־מְּלַאכְתְּךָ[12] וּמֵאַיִן[13]
תָּבוֹא מָה אַרְצֶךָ וְאֵי־מִזֶּה[14] עַם אָתָּה: 9 וַיֹּאמֶר אֲלֵיהֶם
עִבְרִי[15] אָנֹכִי וְאֶת־יְהוָה אֱלֹהֵי הַשָּׁמַיִם אֲנִי יָרֵא אֲשֶׁר־

1 קלל HIPH INF CSTR 'to lighten'
2 יְרֵכָה N FD 'extreme parts, recesses'
3 סְפִינָה N FS 'vessel, ship'
4 רדם NIPH WAY 3MS PAUSAL 'to fall asleep'
5 רַב N MS 'chief'
6 חֹבֵל N MS 'sailor'
7 אוּלַי ADV 'perhaps'
8 עשת HITP IMPF 3MS 'think, give thought to' (Aramaism)
9 לְכוּ וְנַפִּילָה IMP of לָלֶכֶת + COH 1CP means 'come, let us cast' - added ה on the end of נַפִּילָה signals volition
10 גּוֹרָל N MP 'lots'
11 בְּשֶׁלְּמִי From: בְּ + שֶׁ + לְ + מִי Meaning, 'On whose account?' REF v.8 בַּאֲשֶׁר לְמִי and v.12 בְּשֶׁלִּי
12 מְלָאכָה N FS 'work, occupation' (+ 2MS Pronominal Suffix)
13 מֵאַיִן ADV 'from where?'
14 אֵי־מִזֶּה ADV When מִן is placed between אֵי־זֶה, it means, 'From which people group?' REF: 1 Sam. 30:13
15 עִבְרִי N MS 'Hebrew'

וַיֵּרָדַם = נִרְדַּם

מַה־לְּךָ נִרְדָּם:
לָמָּה אַתָּה נִרְדָּם?

רַב הַחֹבֵל

וְנֵדְעָה = לְמַעַן נֵדַע

בַּאֲשֶׁר לְמִי =
בְּשֶׁלְּמִי: מִי עָשָׂה
אֶת הָרָעָה הַזֹּאת?

מְּלַאכְתְּךָ =
מְלָאכָה + לְךָ

אָתָּה = אַתָּה
Pausal

עָשָׂה אֶת־הַיָּם וְאֶת־הַיַּבָּשָׁה[1]: **10** וַיִּירְאוּ הָאֲנָשִׁים יִרְאָה[2]
גְדוֹלָה וַיֹּאמְרוּ אֵלָיו מַה־זֹּאת עָשִׂיתָ כִּי־יָדְעוּ הָאֲנָשִׁים
כִּי־מִלִּפְנֵי יְהוָה הוּא בֹרֵחַ כִּי הִגִּיד לָהֶם:
11 וַיֹּאמְרוּ אֵלָיו מַה־נַּעֲשֶׂה לָּךְ וְיִשְׁתֹּק[3] הַיָּם מֵעָלֵינוּ כִּי
הַיָּם הוֹלֵךְ וְסֹעֵר[4]: **12** וַיֹּאמֶר אֲלֵיהֶם שָׂאוּנִי וַהֲטִילֻנִי אֶל־
הַיָּם וְיִשְׁתֹּק הַיָּם מֵעֲלֵיכֶם כִּי יוֹדֵעַ אָנִי כִּי בְשֶׁלִּי[5] הַסַּעַר
הַגָּדוֹל הַזֶּה עֲלֵיכֶם: **13** וַיַּחְתְּרוּ[6] הָאֲנָשִׁים לְהָשִׁיב[7] אֶל־
הַיַּבָּשָׁה וְלֹא יָכֹלוּ[8] כִּי הַיָּם הוֹלֵךְ וְסֹעֵר עֲלֵיהֶם:

הַיָּם הוֹלֵךְ וְסֹעֵר

יִשְׁתֹּק הַיָּם

14 וַיִּקְרְאוּ אֶל־יְהוָה וַיֹּאמְרוּ אָנָּה[9] יְהוָה אַל־נָא נֹאבְדָה[10]
בְּנֶפֶשׁ הָאִישׁ הַזֶּה וְאַל־תִּתֵּן עָלֵינוּ דָּם נָקִיא[11] כִּי־אַתָּה
יְהוָה כַּאֲשֶׁר חָפַצְתָּ[12] עָשִׂיתָ: **15** וַיִּשְׂאוּ אֶת־יוֹנָה וַיְטִלֻהוּ
אֶל־הַיָּם וַיַּעֲמֹד[13] הַיָּם מִזַּעְפּוֹ[14]: **16** וַיִּירְאוּ הָאֲנָשִׁים יִרְאָה

1 יַבָּשָׁה N FS ‘dry land’
2 יִרְאָה N FS ‘fear’
3 שׁתק QAL WEY 3MS ‘to be quiet’ WEY indicates purpose
4 סער QAL PART M S ‘to storm’ - When paired with PART הוֹלֵךְ it signals the continuous action of the event
5 בְשֶׁלִּי The answer to בְּשֶׁלְּמִי ‘On my account!’
6 חתר QAL WAY 3MP ‘to row’
7 שׁוב HIPH INF CON ‘to return’ (the boat)
8 יכל QAL PERF 3MP ‘to be able’ - Pausal form
9 אָנָּה INT, ‘Please!’
10 אַל־נָא נֹאבְדָה coh ‘please, let us not perish’ (נֹאבַד + volitional ה)
11 נָקִיא ADJ MS ‘innocent, clean’
12 חפץ QAL PERF 2MS ‘to desire’
13 עמד QAL WAY 3MS, ‘to stand still/cease’
14 זַעַף N MS, ‘stoming/raging’ (prefixed מִן and 3MS suffix)

וְיִשְׁתֹּק = לְמַעַן יִשְׁתֹּק

לָּךְ = לְךָ Pausal

אָנִי = אֲנִי Pausal

שָׂאוּנִי = שְׂאוּ אוֹתִי!

הֲטִילֻנִי = הָטִילוּ אוֹתִי!

בְשֶׁלִּי: אֲנִי עָשִׂיתִי!

וַיַּחְתְּרוּ = חָתְרוּ

וַיַּעֲמֹד = עָמַד

זַעַף

מִזַּעְפּוֹ = מִן + זַעַף + לוֹ

גְּדוֹלָה אֶת־יְהוָה וַיִּזְבְּחוּ־זֶבַח לַיהוָה וַיִּדְּרוּ[1] נְדָרִים[2]:
2 וַיְמַן[3] יְהוָה דָּג[4] גָּדוֹל לִבְלֹעַ[5] אֶת־יוֹנָה וַיְהִי יוֹנָה
בִּמְעֵי[6] הַדָּג שְׁלֹשָׁה יָמִים וּשְׁלֹשָׁה לֵילוֹת:
2 וַיִּתְפַּלֵּל יוֹנָה אֶל־יְהוָה אֱלֹהָיו מִמְּעֵי הַדָּגָה[7]: 3 וַיֹּאמֶר
קָרָאתִי מִצָּרָה[8] לִי אֶל־יְהוָה וַיַּעֲנֵנִי מִבֶּטֶן שְׁאוֹל[9] שִׁוַּעְתִּי[10]
שָׁמַעְתָּ קוֹלִי: 4 וַתַּשְׁלִיכֵנִי מְצוּלָה[11] בִּלְבַב יַמִּים וְנָהָר
יְסֹבְבֵנִי[12] כָּל־מִשְׁבָּרֶיךָ[13] וְגַלֶּיךָ[14] עָלַי עָבָרוּ: 5 וַאֲנִי
אָמַרְתִּי נִגְרַשְׁתִּי[15] מִנֶּגֶד עֵינֶיךָ אַךְ אוֹסִיף[16] לְהַבִּיט[17] אֶל־
הֵיכַל קָדְשֶׁךָ: 6 אֲפָפוּנִי[18] מַיִם עַד־נֶפֶשׁ תְּהוֹם[19] יְסֹבְבֵנִי

אֲפָפוּנִי ~ יְסֹבְבֵנִי

1 נדר QAL WAY 3MP 'to make a vow'
2 נֶדֶר N MP 'a vow'
3 מנה PIEL WAY 3MS 'to appoint'
4 דָּג N MS 'fish'
5 בלע QAL INF CSTR 'to swallow'
6 מֵעֶה N MP 'bowels' (with prefixed בּ); only appears in plural
7 דָּגָה N FS 'fish'
8 צָרָה N FS 'distress' (prefixed מִן)
9 שְׁאוֹל N FS 'Sheol' (underworld)
10 שׁוע PIEL PF 1CS 'to cry out' for help (often used in poetry rather than narrative)
11 מְצוּלָה N FS 'depths, deep' (of a watery place i.e. ocean or marsh)
12 סבב POL IMPF 3MS 'to surround' (+ 1CS direct object suffix)
13 מִשְׁבָּר N MP 'breakers of the sea' (+ 2MS pronominal suffix)
14 גַּל N MP 'waves of the sea' (+ 2MS pronominal suffix)
15 גרשׁ NIPH PF 1CS 'to be driven out'
16 יסף HIPH IMPF 1CS 'to add to do' (i.e. to do again, to continue)
17 נבט HIPH INF CSTR 'to look'
18 אפף QAL PF 3MP (+ 1CS direct object suffix) 'to encompass'
19 תְּהוֹם N MS 'the deep'

Pausal עָבָרוּ
Pausal קָדְשֶׁךָ

קָרָאתִי ~ שִׁוַּעְתִּי

וַיַּעֲנֵנִי = יהוה עָנָה אוֹתִי

וַתַּשְׁלִיכֵנִי = אַתָּה הִשְׁלַכְתָּ אוֹתִי

אֲפָפוּנִי = אָפְפוּ אוֹתִי

יְסֹבְבֵנִי = יְסֹבֵב אוֹתִי

סוּף[1] חָבוּשׁ[2] לְרֹאשִׁי׃ 7 לְקִצְבֵי[3] הָרִים יָרַדְתִּי הָאָרֶץ
בְּרִחֶיהָ[4] בַעֲדִי לְעוֹלָם וַתַּעַל מִשַּׁחַת[5] חַיַּי יְהוָה אֱלֹהָי׃
8 בְּהִתְעַטֵּף[6] עָלַי נַפְשִׁי אֶת־יְהוָה זָכָרְתִּי וַתָּבוֹא אֵלֶיךָ
תְּפִלָּתִי אֶל־הֵיכַל קָדְשֶׁךָ׃ 9 מְשַׁמְּרִים[7] הַבְלֵי[8]־שָׁוְא[9]
חַסְדָּם יַעֲזֹבוּ׃ 10 וַאֲנִי בְּקוֹל תּוֹדָה[10] אֶזְבְּחָה־לָּךְ אֲשֶׁר
נָדַרְתִּי אֲשַׁלֵּמָה יְשׁוּעָתָה לַיהוָה׃ ס 11 וַיֹּאמֶר יְהוָה לַדָּג
וַיָּקֵא[11] אֶת־יוֹנָה אֶל־הַיַּבָּשָׁה׃ פ

סוּף חָבוּשׁ לְרֹאשִׁי

בְּהִתְעַטֵּף

וַיָּקֵא

אֶזְבְּחָה אֲשַׁלֵּמָה: Cohortative verbs with suffixed ה

Pausal לָּךְ = לְךָ

יְשׁוּעָתָה = יְשׁוּעָה

3 וַיְהִי דְבַר־יְהוָה אֶל־יוֹנָה שֵׁנִית לֵאמֹר׃ 2 קוּם
לֵךְ אֶל־נִינְוֵה הָעִיר הַגְּדוֹלָה וּקְרָא
אֵלֶיהָ אֶת־הַקְּרִיאָה[12] אֲשֶׁר אָנֹכִי דֹּבֵר אֵלֶיךָ׃
3 וַיָּקָם יוֹנָה וַיֵּלֶךְ אֶל־נִינְוֵה כִּדְבַר יְהוָה
וְנִינְוֵה הָיְתָה עִיר־גְּדוֹלָה לֵאלֹהִים מַהֲלַךְ[13] שְׁלֹשֶׁת יָמִים׃

1 סוּף N MS ‘reeds’
2 חבשׁ QAL PASS PART MS ‘bound up, wrapped up’
3 קֶצֶב N MP CSTR ‘the extremities of’ (+ prefixed ל)
4 בְּרִיחַ N MP ‘metal, wooden bar’ (+ 3FS pronominal suffix)
5 שַׁחַת N FS ‘a pit” (+ prefixed מִן)
6 עטף HITP INF CSTR ‘to be faint’ (+ prefixed בּ; temporal clause ‘when’)
7 שׁמר The PIEL form occurs here alone in HB ‘paying regard’
8 הֶבֶל N MP CSTR ‘idol’ (i.e. the vanities which the nations revere)
9 שָׁוְא N MS ‘emptiness/vanity’
10 תּוֹדָה N FS ‘thanksgiving’
11 קיא HIPH WAY 3MS ‘vomit up’
12 קְרִיאָה N FS ‘proclamation’
13 מַהֲלָךְ N MS ‘a journey, walk’

4 וַיָּ֤חֶל[1] יוֹנָה֙ לָב֣וֹא בָעִ֔יר מַהֲלַ֖ךְ י֣וֹם אֶחָ֑ד וַיִּקְרָא֙ וַיֹּאמַ֔ר

ע֚וֹד אַרְבָּעִ֣ים י֔וֹם וְנִֽינְוֵ֖ה נֶהְפָּֽכֶת[2]׃ 5 וַיַּֽאֲמִ֛ינוּ אַנְשֵׁ֥י נִֽינְוֵ֖ה

בֵּֽאלֹהִ֑ים וַיִּקְרְאוּ־צוֹם֙[3] וַיִּלְבְּשׁ֣וּ שַׂקִּ֔ים[4] מִגְּדוֹלָ֖ם וְעַד־

נֶהְפָּֽכֶת

קְטַנָּֽם׃ 6 וַיִּגַּ֤ע הַדָּבָר֙ אֶל־מֶ֣לֶךְ נִֽינְוֵ֔ה וַיָּ֙קָם֙ מִכִּסְא֔וֹ וַיַּעֲבֵ֥ר

אַדַּרְתּ֖וֹ[5] מֵֽעָלָ֑יו וַיְכַ֣ס שַׂ֔ק וַיֵּ֖שֶׁב עַל־הָאֵֽפֶר[6]׃ 7 וַיַּזְעֵ֗ק

וַיֹּ֙אמֶר֙ בְּנִֽינְוֵ֔ה מִטַּ֧עַם[7] הַמֶּ֛לֶךְ וּגְדֹלָ֖יו לֵאמֹ֑ר הָאָדָ֨ם

וְהַבְּהֵמָ֜ה הַבָּקָ֣ר וְהַצֹּ֗אן אַל־יִטְעֲמוּ֙[8] מְא֔וּמָה[9] אַל־יִרְע֕וּ

וּמַ֖יִם אַל־יִשְׁתּֽוּ׃ 8 וְיִתְכַּסּ֣וּ[10] שַׂקִּ֗ים הָֽאָדָם֙ וְהַבְּהֵמָ֔ה

וְיִקְרְא֥וּ אֶל־אֱלֹהִ֖ים בְּחׇזְקָ֑ה[11] וְיָשֻׁ֗בוּ אִ֚ישׁ מִדַּרְכּ֣וֹ הָֽרָעָ֔ה

וּמִן־הֶחָמָ֖ס[12] אֲשֶׁ֥ר בְּכַפֵּיהֶֽם׃ 9 מִֽי־יוֹדֵ֣עַ יָשׁ֔וּב וְנִחַ֖ם

הָאֱלֹהִ֑ים וְשָׁ֛ב מֵחֲר֥וֹן[13] אַפּ֖וֹ וְלֹ֥א נֹאבֵֽד׃ 10 וַיַּ֤רְא הָֽאֱלֹהִים֙

אַרְבָּעִים (40)

אַדֶּרֶת

אַל־יִטְעֲמוּ אַל־יִרְעוּ
אַל־יִשְׁתּוּ׃
These verbs are
prohibitions

יִטְעֲמוּ: טָעֲמוּ

וְיִתְכַּסּוּ וְיָשֻׁבוּ
JUSS Verbs: וְיִקְרְאוּ׃

וְנִחַם = יִנָּחֵם

וְשָׁב = יָשׁוּב

---

1 חלל HIPH WAY 3MS 'to begin'

2 הפך NIPH PART FS 'to be overturned, overthrown' - Pausal form

3 צוֹם N MS 'a fast'

4 שַׂק N MP 'sackcloth'

5 אַדֶּרֶת N FS 'a mantle, cloak' (+ 3MS pronominal suffix)

6 אֵפֶר N MS 'ashes'

7 טַעַם N MS 'a decree' (+ prefixed מִן)

8 טעם QAL IMPF 3MP 'to taste' (Prohibition: "let them not taste")

9 מְאוּמָה N 'nothing'

10 כסה HITP WEY 3MP 'to cover/clothe oneself' (JUSS function)

11 חׇזְקָה N FS 'with strength' (+ prefixed בְ)

12 חָמָס N MS 'violence'

13 חָרוֹן N MS '(burning of) anger' (+ prefixed מִן)

אֶת־מַעֲשֵׂיהֶם כִּי־שָׁבוּ מִדַּרְכָּם הָרָעָה וַיִּנָּחֶם הָאֱלֹהִים
עַל־הָרָעָה אֲשֶׁר־דִּבֶּר לַעֲשׂוֹת־לָהֶם וְלֹא עָשָׂה׃

חֲרוֹן אַפּוֹ ~ וַיִּחַר

4 וַיֵּרַע אֶל־יוֹנָה רָעָה גְדוֹלָה וַיִּחַר לוֹ׃ 2 וַיִּתְפַּלֵּל
אֶל־יְהוָה וַיֹּאמַר אָנָּה יְהוָה הֲלוֹא־זֶה דְבָרִי עַד־
הֱיוֹתִי עַל־אַדְמָתִי עַל־כֵּן קִדַּמְתִּי[1] לִבְרֹחַ תַּרְשִׁישָׁה כִּי
יָדַעְתִּי כִּי אַתָּה אֵל־חַנּוּן[2] וְרַחוּם[3] אֶרֶךְ[4] אַפַּיִם וְרַב־חֶסֶד
וְנִחָם עַל־הָרָעָה׃ 3 וְעַתָּה יְהוָה קַח־נָא אֶת־נַפְשִׁי מִמֶּנִּי
כִּי טוֹב מוֹתִי מֵחַיָּי׃ ס 4 וַיֹּאמֶר יְהוָה הַהֵיטֵב חָרָה לָךְ׃
5 וַיֵּצֵא יוֹנָה מִן־הָעִיר וַיֵּשֶׁב מִקֶּדֶם[5] לָעִיר וַיַּעַשׂ לוֹ שָׁם
סֻכָּה[6] וַיֵּשֶׁב תַּחְתֶּיהָ בַּצֵּל[7] עַד אֲשֶׁר יִרְאֶה מַה־יִּהְיֶה
בָּעִיר׃ 6 וַיְמַן יְהוָה־אֱלֹהִים קִיקָיוֹן[8] וַיַּעַל | מֵעַל לְיוֹנָה
לִהְיוֹת צֵל עַל־רֹאשׁוֹ לְהַצִּיל לוֹ מֵרָעָתוֹ וַיִּשְׂמַח יוֹנָה עַל־
הַקִּיקָיוֹן שִׂמְחָה גְדוֹלָה׃ 7 וַיְמַן הָאֱלֹהִים תּוֹלַעַת[9] בַּעֲלוֹת

עַד־הֱיוֹתִי: Temporal sense

יָדַעְתִּי + כִּי: Introduces object clause

הַהֵיטֵב: Question mark הֲ

סֻכָּה

צֵל

עַד אֲשֶׁר: Introduces temporal clause

תּוֹלַעַת

1 קדם PIEL PF 1CS 'to be beforehand' (Thus, "At first I fled")
2 חַנּוּן ADJ MS 'gracious'
3 רַחוּם ADJ MS 'compassionate'
4 אֶרֶךְ אַפַּיִם 'long of nostrils' i.e. slow to anger
5 קֶדֶם N MS 'East' (+ prefixed מִן)
6 סֻכָּה N FS 'booth' (from where the Feast of Booths come)
7 צֵל N MS 'shadow' (+ prefixed בְּ)
8 קִיקָיוֹן N MS 'a plant'
9 תּוֹלַעַת - תּוֹלֵעָה N FS 'a worm'

וַיִּבָשׁ קִיקָיוֹן

הַשַּׁחַר[1] לַמָּחֳרָת[2] וַתַּךְ[3] אֶת־הַקִּיקָיוֹן וַיִּיבָשׁ[4]: 8 וַיְהִי |
כִּזְרֹחַ[5] הַשֶּׁמֶשׁ וַיְמַן אֱלֹהִים רוּחַ קָדִים[6] חֲרִישִׁית[7] וַתַּךְ
הַשֶּׁמֶשׁ עַל־רֹאשׁ יוֹנָה וַיִּתְעַלָּף[8] וַיִּשְׁאַל אֶת־נַפְשׁוֹ לָמוּת
וַיֹּאמֶר טוֹב מוֹתִי מֵחַיָּי: 9 וַיֹּאמֶר אֱלֹהִים אֶל־יוֹנָה הַהֵיטֵב
חָרָה־לְךָ עַל־הַקִּיקָיוֹן וַיֹּאמֶר הֵיטֵב חָרָה־לִי עַד־מָוֶת:
10 וַיֹּאמֶר יְהוָה אַתָּה חַסְתָּ[9] עַל־הַקִּיקָיוֹן אֲשֶׁר לֹא־
עָמַלְתָּ[10] בּוֹ וְלֹא גִדַּלְתּוֹ[11] שֶׁבִּן[12]־לַיְלָה הָיָה וּבִן־לַיְלָה
אָבָד: 11 וַאֲנִי לֹא אָחוּס עַל־נִינְוֵה הָעִיר הַגְּדוֹלָה אֲשֶׁר
יֶשׁ־בָּהּ הַרְבֵּה[13] מִשְׁתֵּים־עֶשְׂרֵה רִבּוֹ[14] אָדָם אֲשֶׁר לֹא־
יָדַע בֵּין־יְמִינוֹ לִשְׂמֹאלוֹ וּבְהֵמָה רַבָּה:

בַּעֲלוֹת הַשַּׁחַר: Temporal clause introduced by ב

וַיִּתְעַלַּף = הִתְעַלֵּף

שְׁתֵּים־עֶשְׂרֵה (12)
רִבּוֹ (10,000)

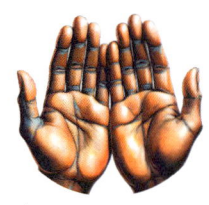

יָמִין   שְׂמֹאל

1 שַׁחַר N MS 'the dawn'
2 מָחֳרָת N FS 'on the next day' (+ prefixed ל)
3 נכה HITP WAY 3FS 'to strike'
4 יבש QAL WAY 3MS 'to be dried up/to wither'
5 זרח QAL INF CSTR 'to rise' (+ prefixed temporal כּ)
6 קָדִים N MS 'East'
7 חֲרִישִׁית ADJ FS 'scorching, sharp'
8 עלף HITP WAY 3MS PAUSAL 'to be faint, swoon away'
9 חוס QAL PF 2MS 'to pity, have compassion'
10 עמל QAL PF 2MS 'to toil, labor'
11 גדל PIEL PF 2MS 'to cause to grow' (+ 3MS direct object suffix)
12 שֶׁבִּן־לַיְלָה 'in a night' (+ prefixed relative pronoun שֶׁ from אֲשֶׁר)
13 הַרְבֵּה ADV comparative clause 'more than' when מִן follows
14 רִבּוֹא N FS 'ten thousand, myriad'

Picture Dictionary

1.2

קָם (V)

1.2/1.3

הָלַךְ (V)

1.2/1.3

עִיר (N)

1.2/1.3

קָרָא (V)

1.2/1.3

עָלָה (V)

1.2/1.3

בָּרַח (V)

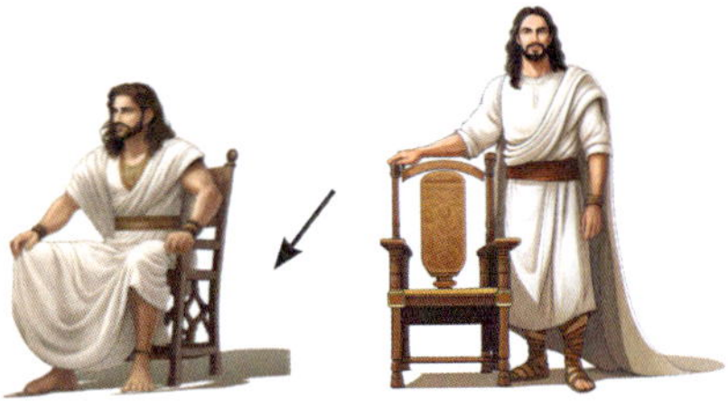

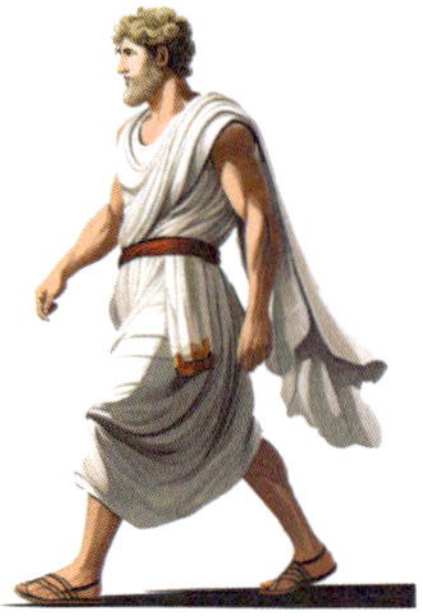

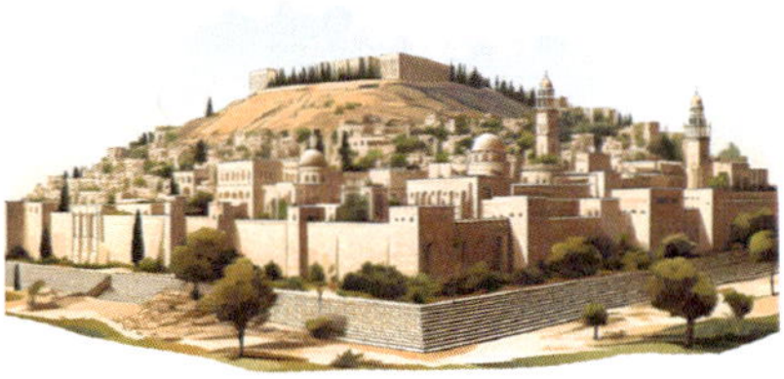

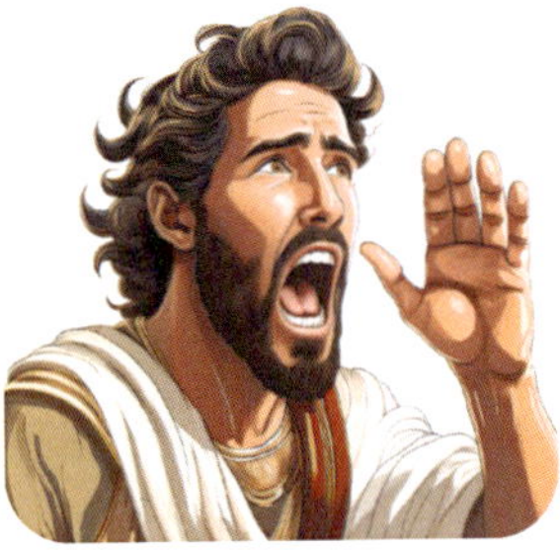

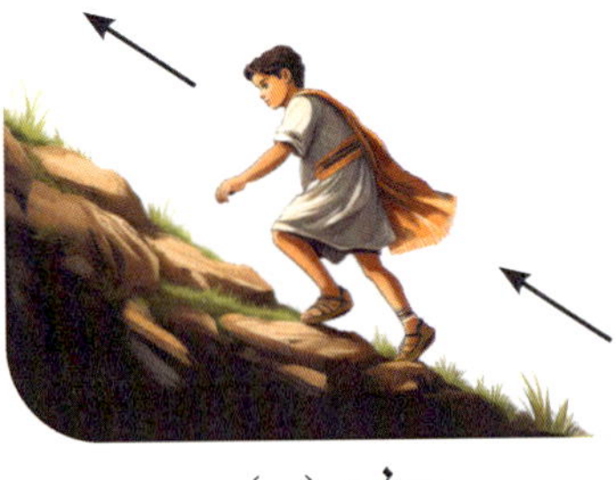

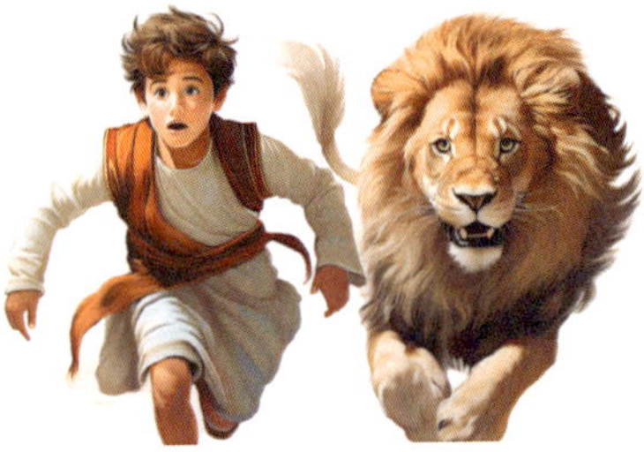

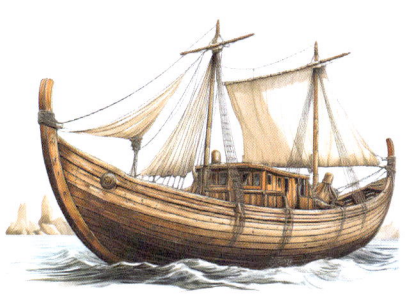

1.3

יָרַד (V)

1.3

אֳנִיָּה = סְפִינָה (N)

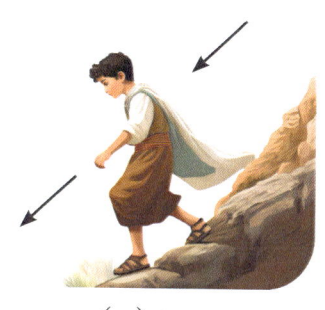

1.3

שָׂכָר (N)

1.4

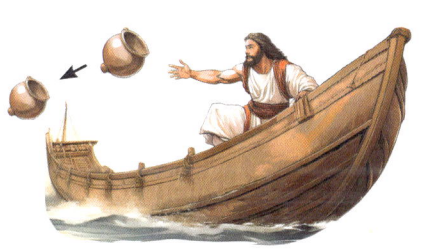

הֵטִיל (V)

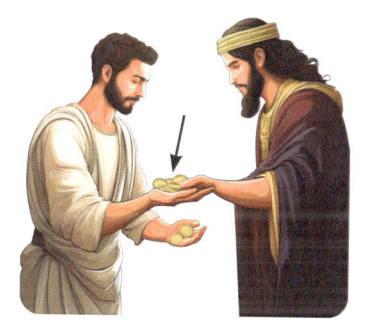

1.4

רוּחַ (N)

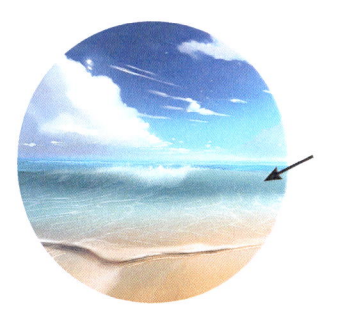

1.4

יָם (N)

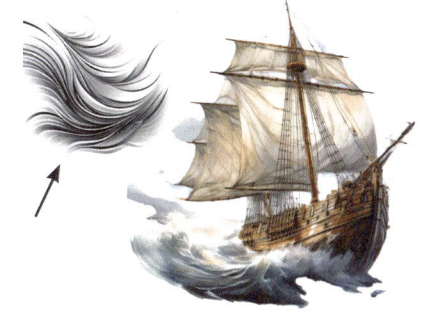

1.4

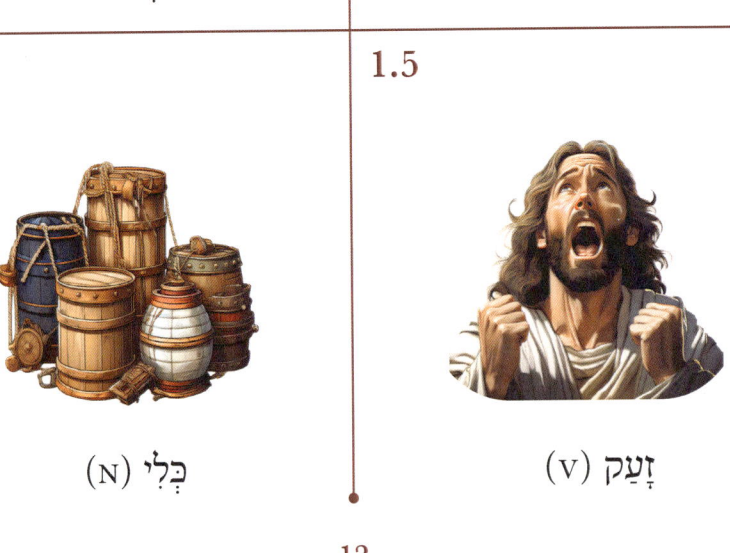

נִשְׁבַּר (v)

1.4

סַ֫עַר (N)

1.5

מַלָּח (N)

1.5

יָרֵא (v)

1.5

כְּלִי (N)

1.5

זָעַק (v)

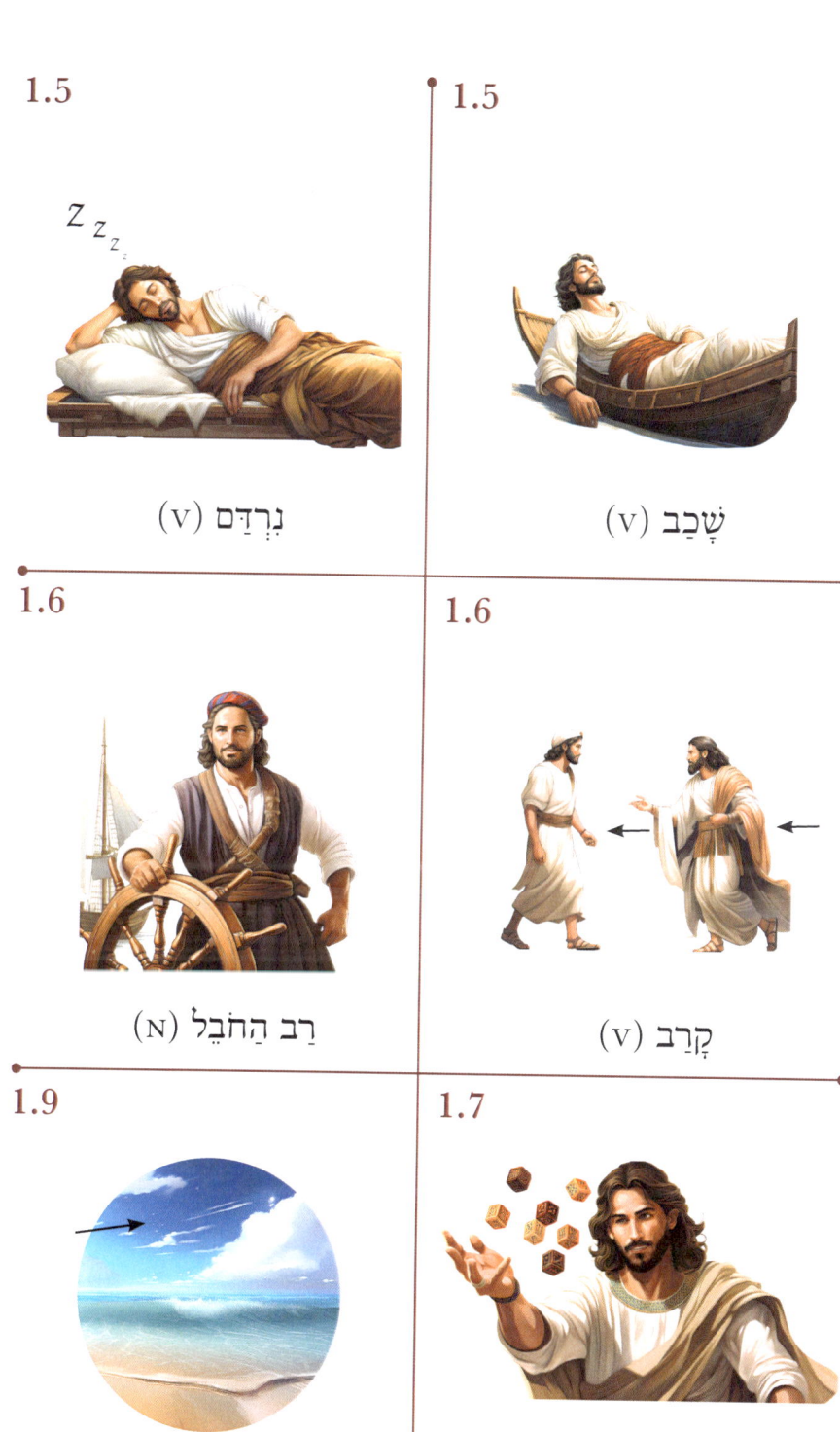

1.5

שָׁכַב (V)

1.5

נִרְדַּם (V)

1.6

קָרַב (V)

1.6

רַב הַחֹבֵל (N)

1.7

הִפִּיל (V) גּוֹרָל (N)

1.9

שָׁמַיִם (N)

1.9

יַבָּשָׁה (N)

1.11

שָׁתַק (V)

1.11

סֹעֵר (PTCP)

1.12

נָשָׂא (V)

1.13

חָתַר (V)

1.14

דָּם (N)

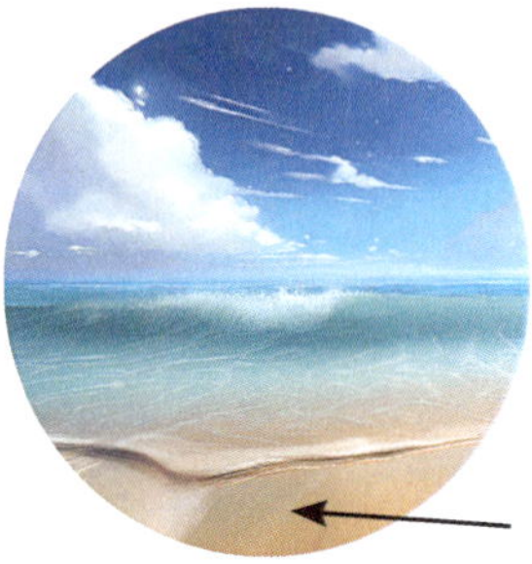

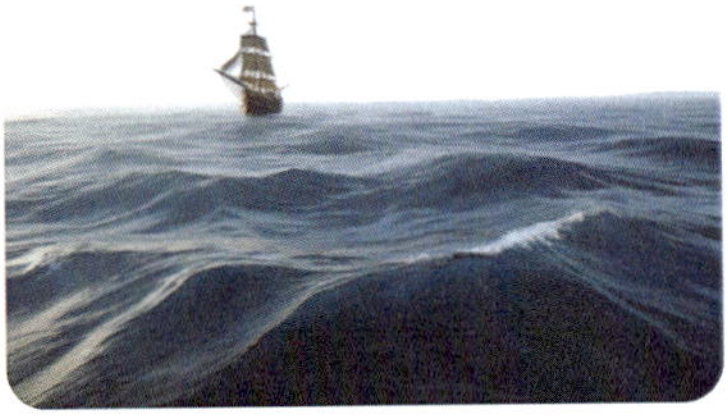

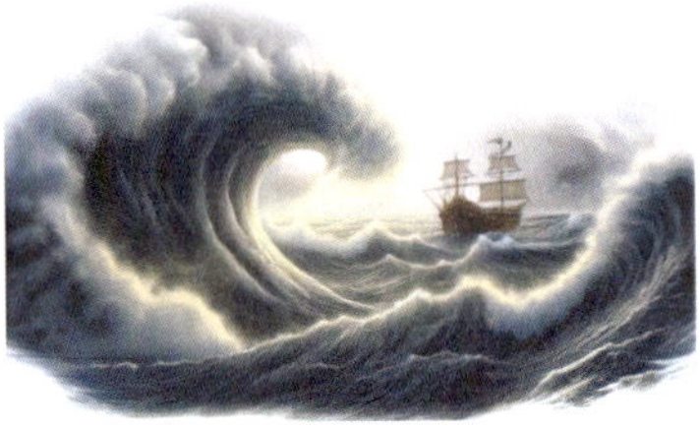

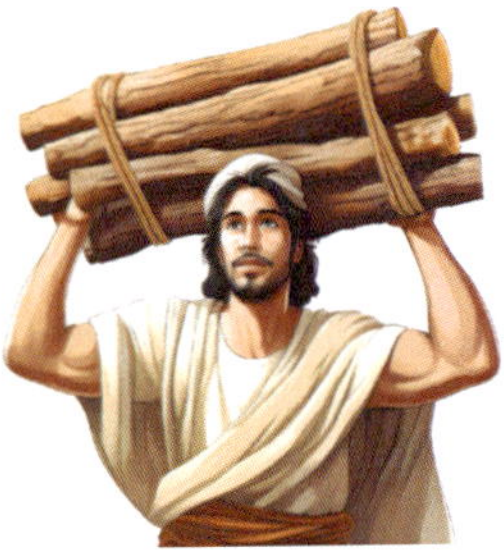

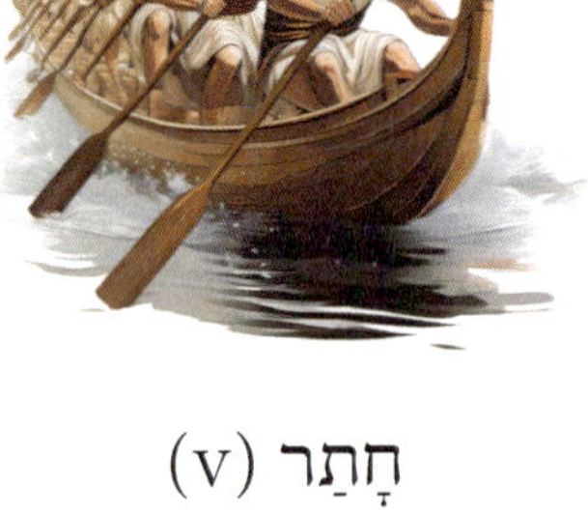

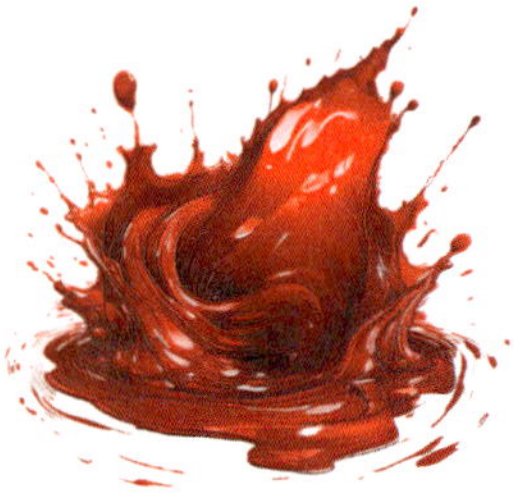

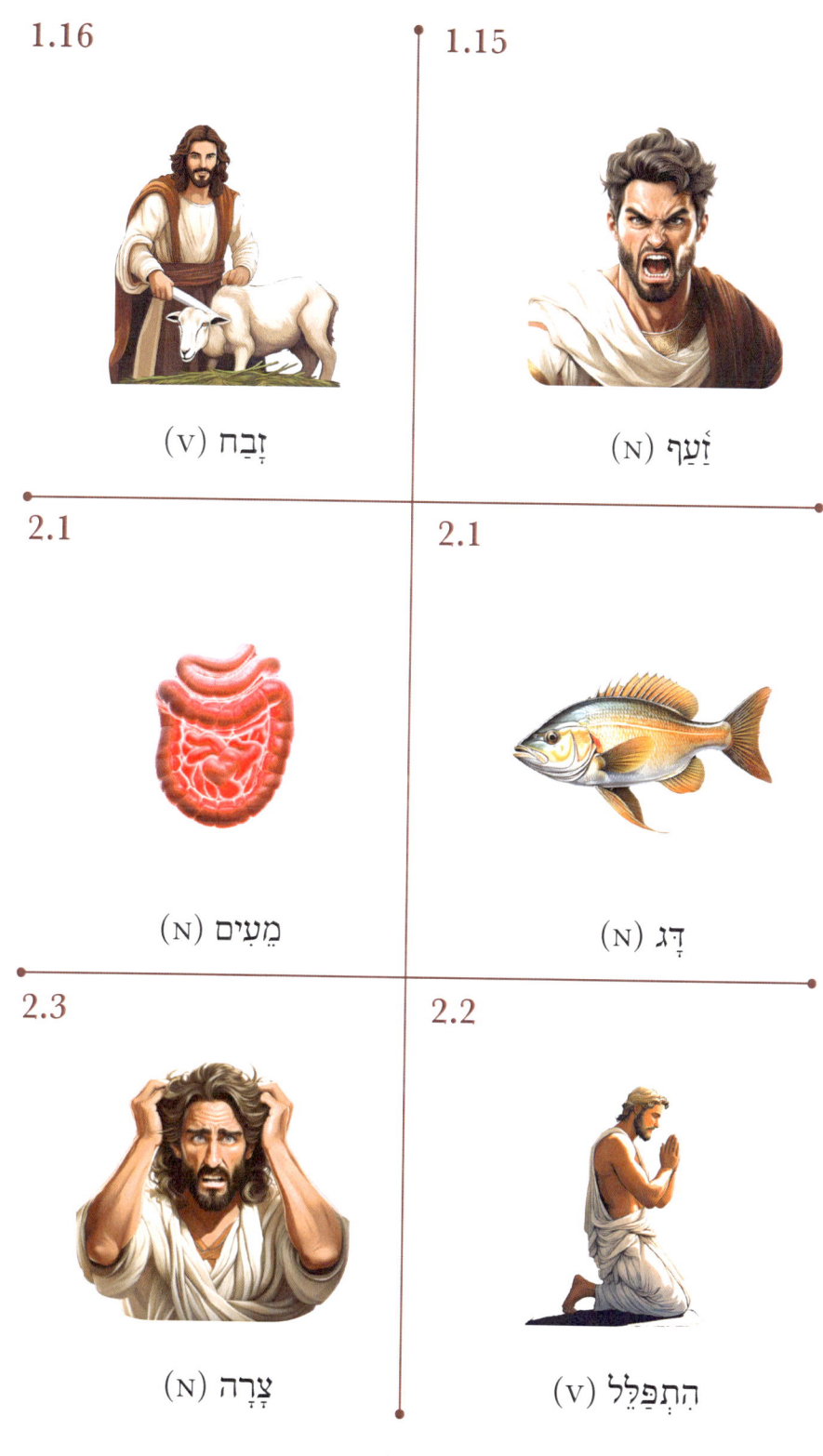

1.15

זַ֫עַף (N)

1.16

זָבַח (V)

2.1

דָּג (N)

2.1

מֵעִים (N)

2.2

הִתְפַּלֵּל (V)

2.3

צָרָה (N)

2.3

שִׁוַּע (V)

2.3

בֶּטֶן (N)

2.4

הִשְׁלִיךְ (V)

2.3

שָׁמַע (V)

2.4

נָהָר (N)

2.4

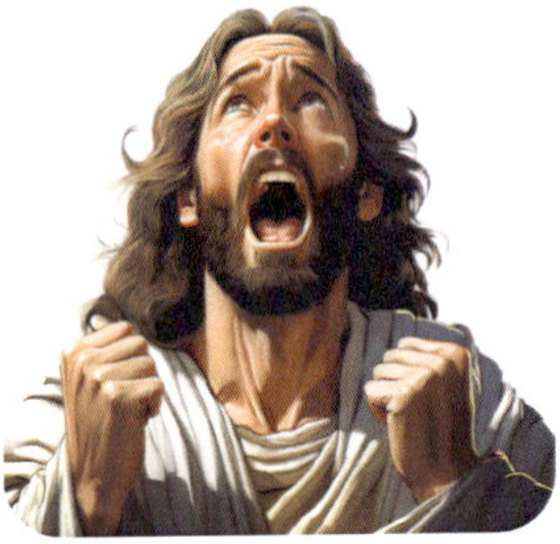

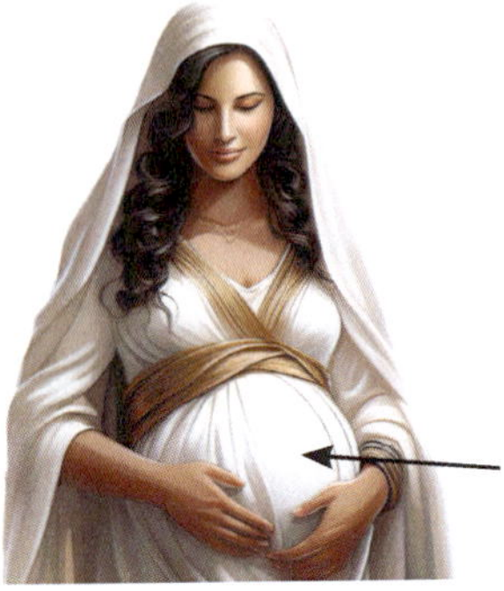

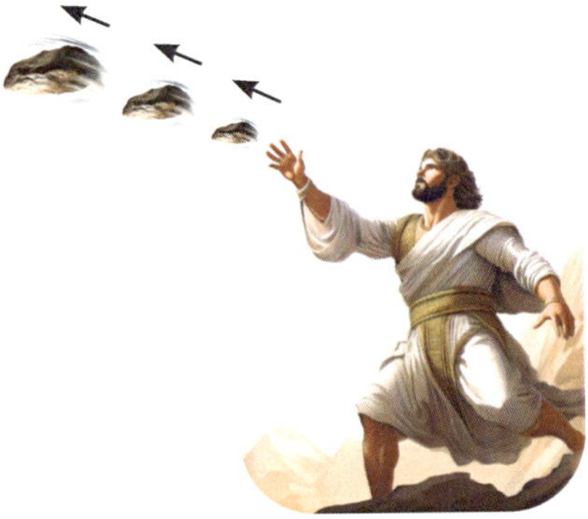

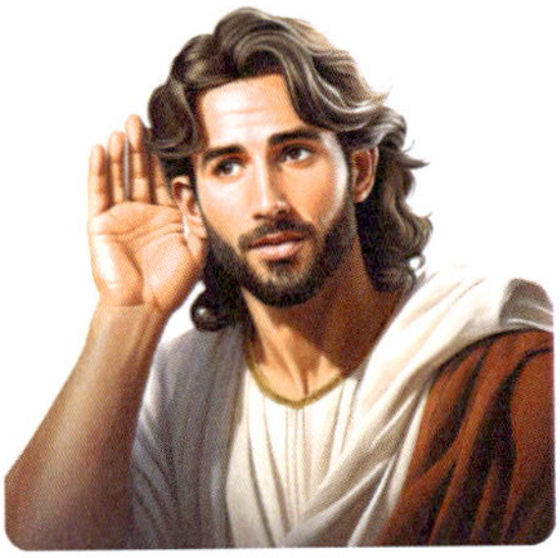

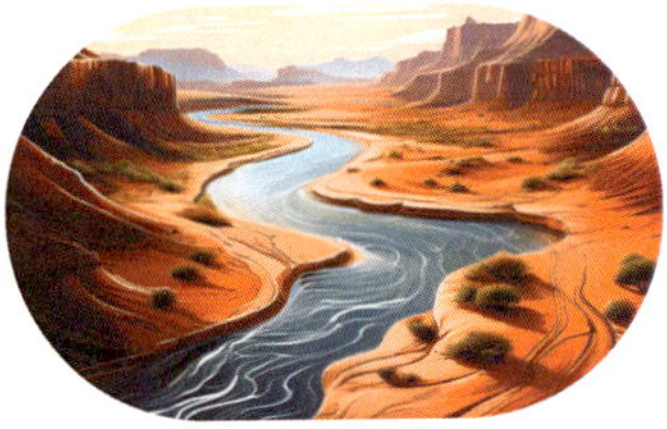

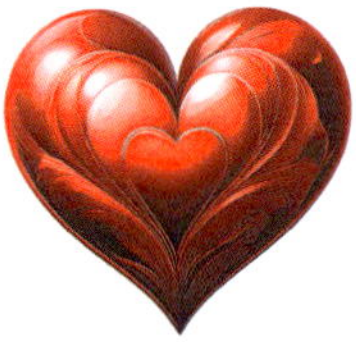

לֵבָב (N)

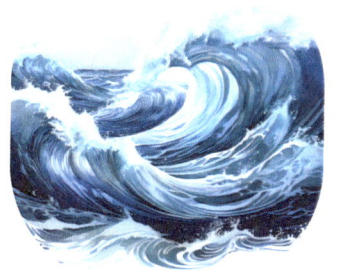

2.4

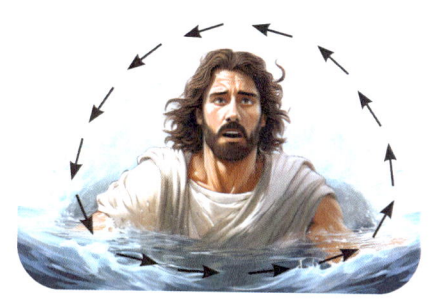

אָפַף ~ סָבַב (V)

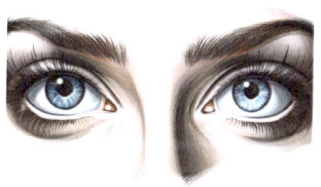

2.4

מִשְׁבָּר (N)

2.4

גַּל (N)

2.5

עַ֫יִן (N)

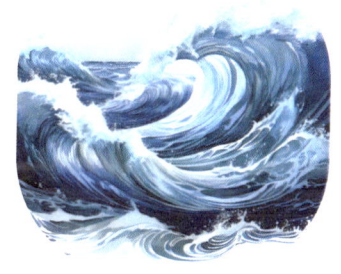

2.5

הִבִּיט (V)

2.5

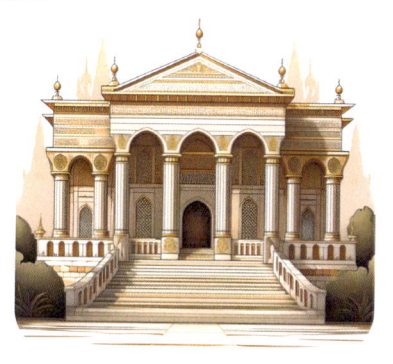

הֵיכָל (N)

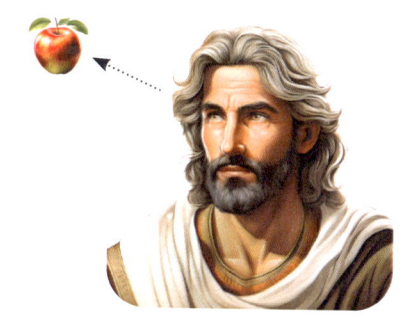

2.6	2.6

סוּף (N)	אָפַף ~ סָבַב (V)

2.7	2.6
הַר (N)	רֹאשׁ (N)

2.7	2.7
שַׁחַת (N)	בְּרִיחַ (N)

2.8

הִתְעַטֵּף (V)

2.10

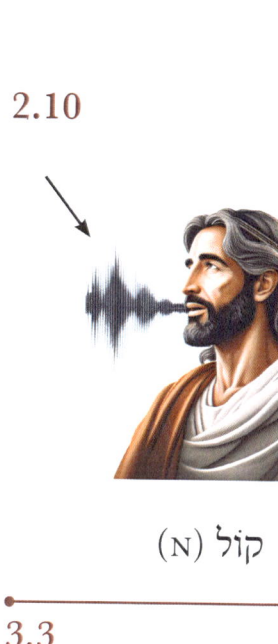

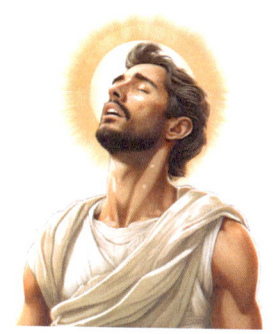

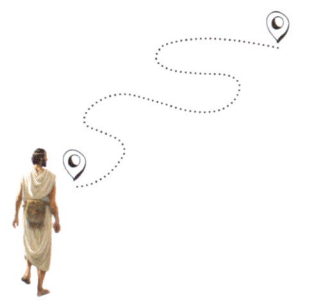

קוֹל (N)

2.11

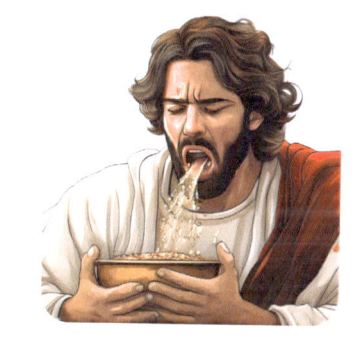

הֵקִיא (V)

3.3

מַהֲלָךְ (N)

3.4

נֶהֱפַּךְ (V)

3.5

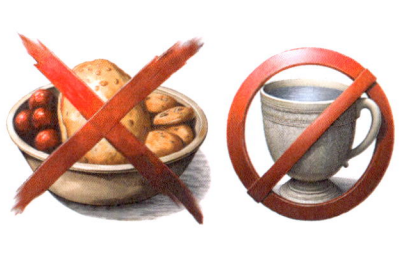

צוֹם (N)

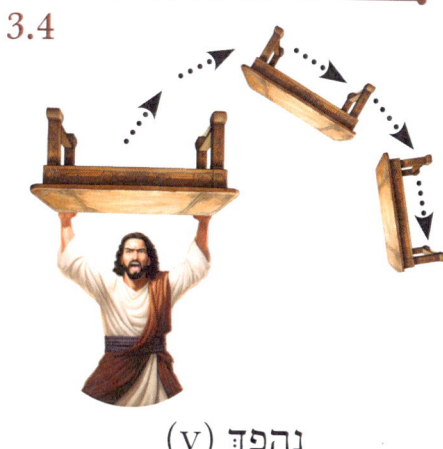

3.5

שַׂק (N)

3.6

נָגַע (V)

3.6

מֶ֫לֶךְ (N)

3.6

כִּסֵּא (N)

3.6

אַדֶּ֫רֶת (N)

3.6

אֵפֶר (N)

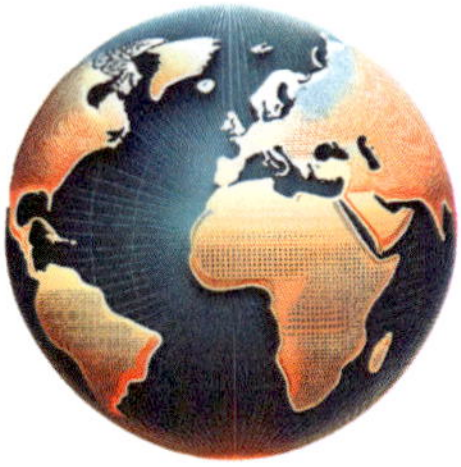

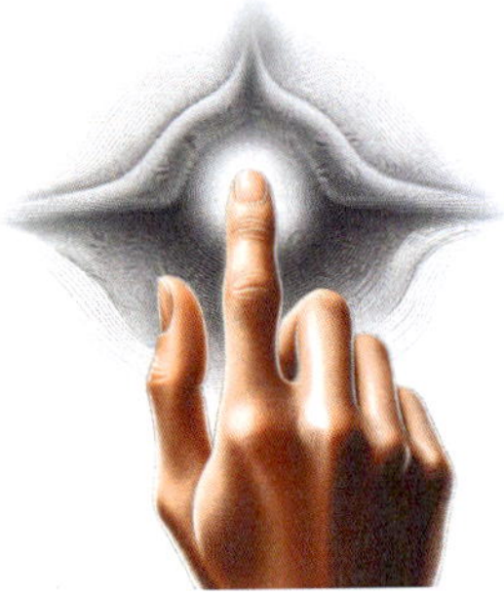

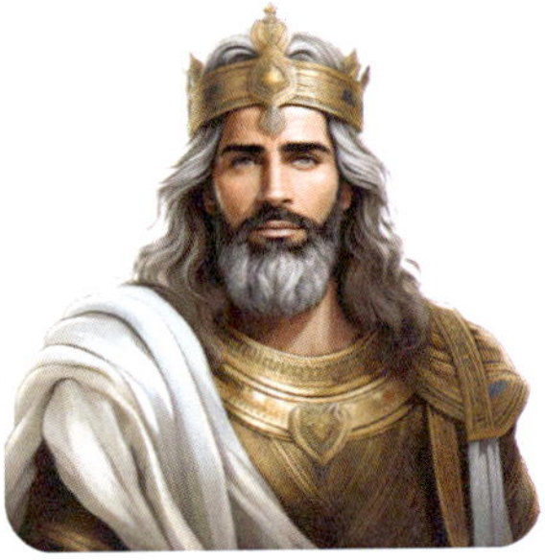

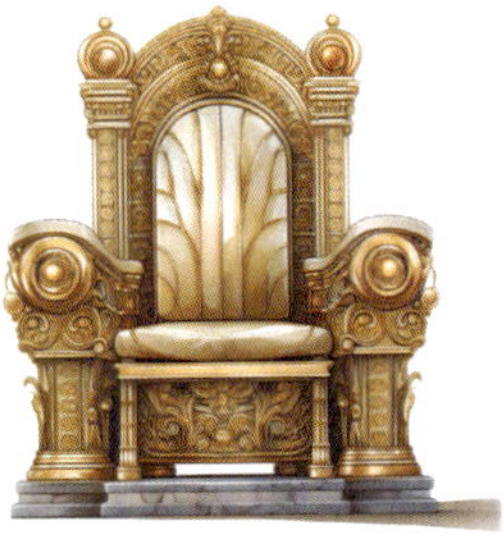

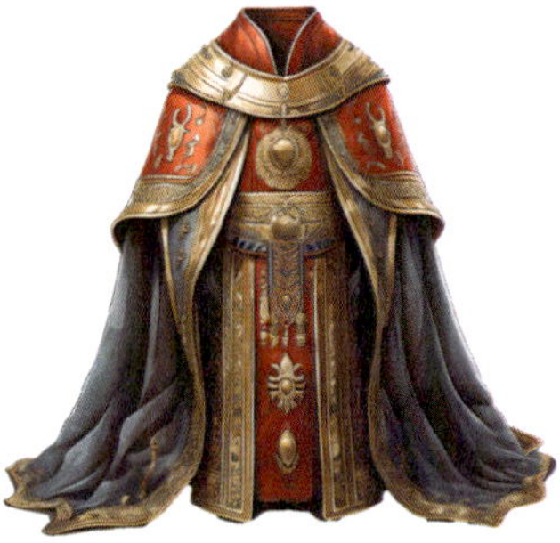

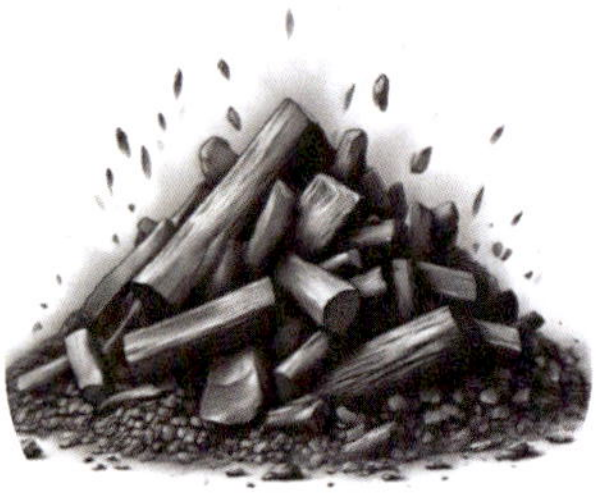

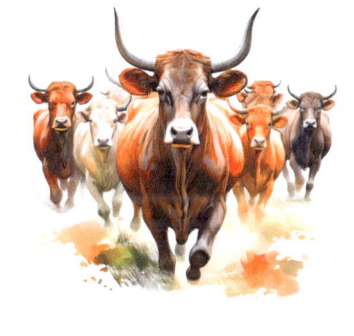

3.7

אָדָם (N)

3.7

בְּהֵמָה (N)

3.7

בָּקָר (N)

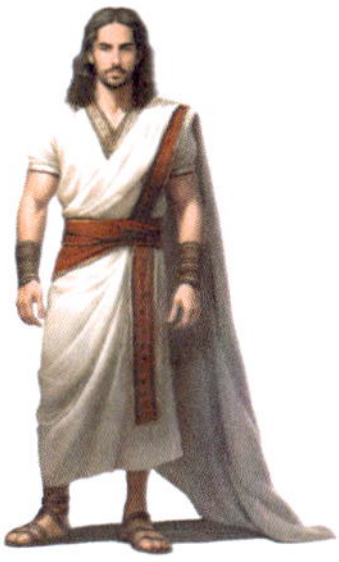

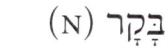

3.7

צֹאן (N)

3.7

טָעַם (V)

3.7

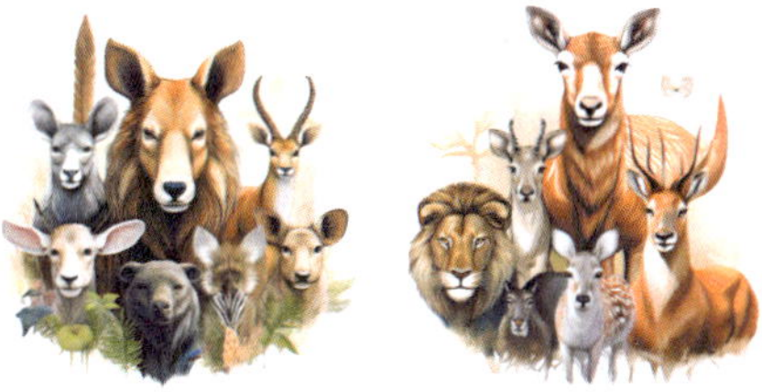

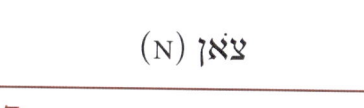

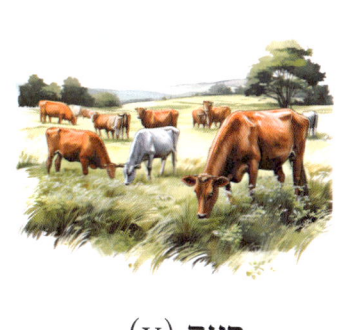

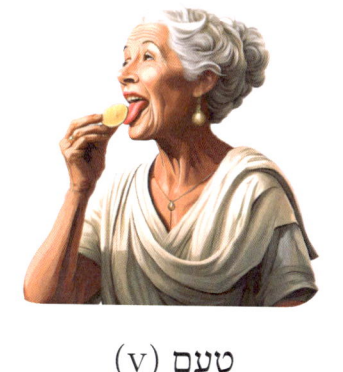

רָעָה (V)

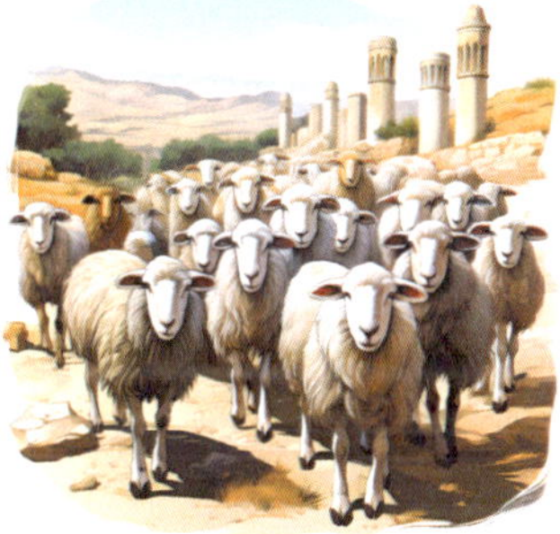

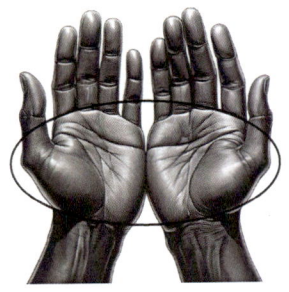

3.7

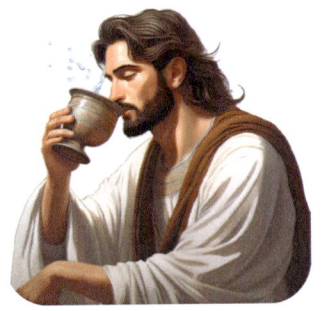

שָׁתָה (v)

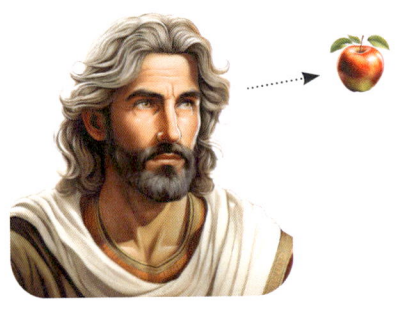

3.8

כַּף (N)

3.9

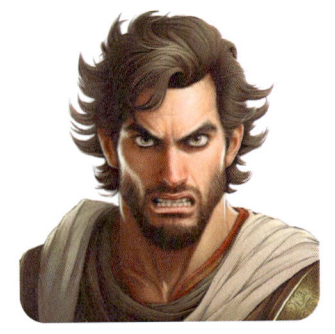

חָרוֹן (N)

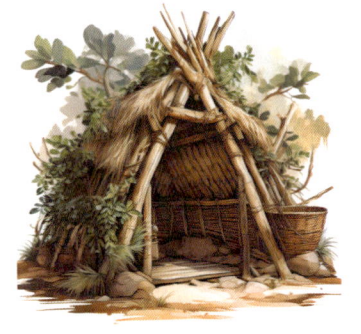

3.10

רָאָה (v)

4.1

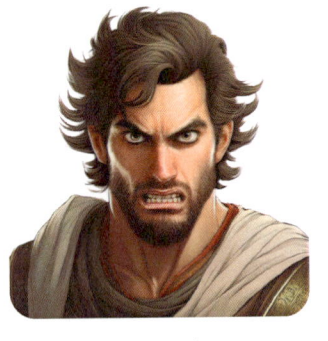

חָרָה (v) ~ חָרוֹן

4.5

סֻכָּה (N)

4.5

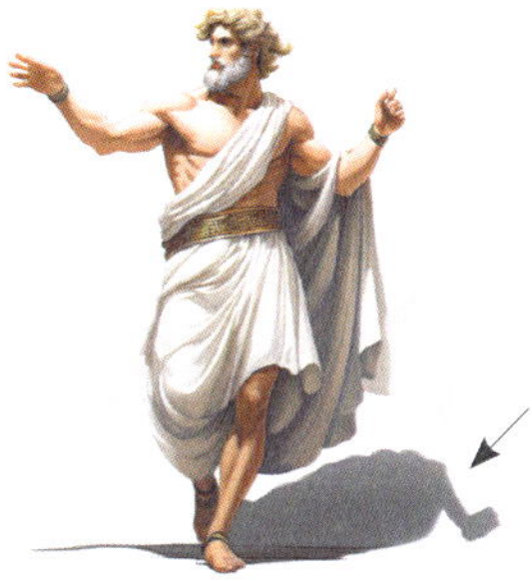

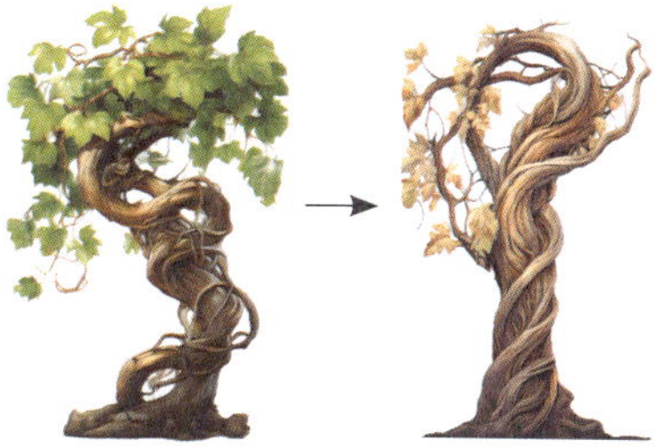

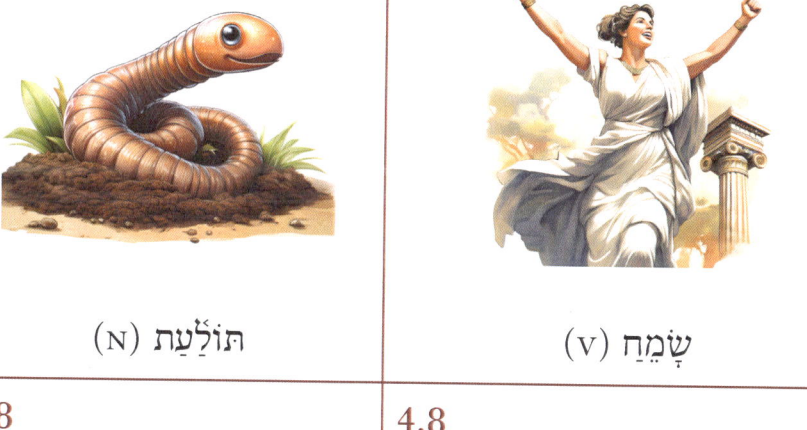

צֵל (N)

4.6

יָבֵשׁ (V)

4.6

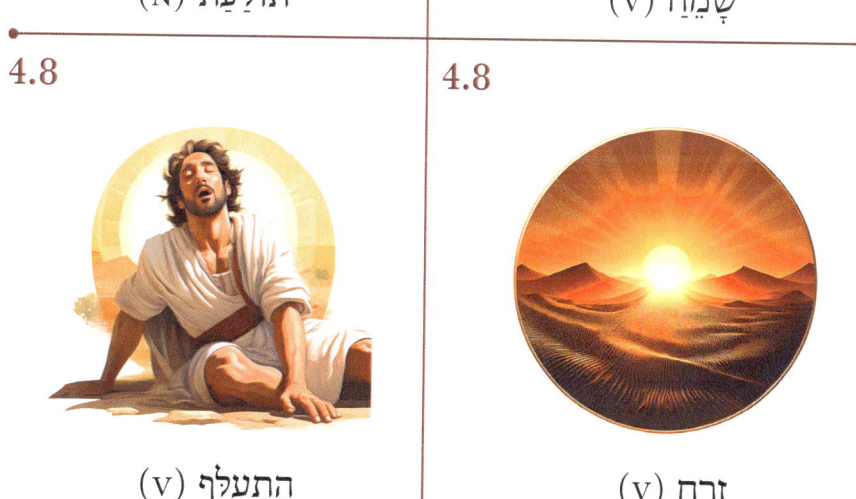

שָׂמֵחַ (V)

4.7

תּוֹלַ֫עַת (N)

4.8

זָרַח (V)

4.8

הִתְעַלֵּף (V)

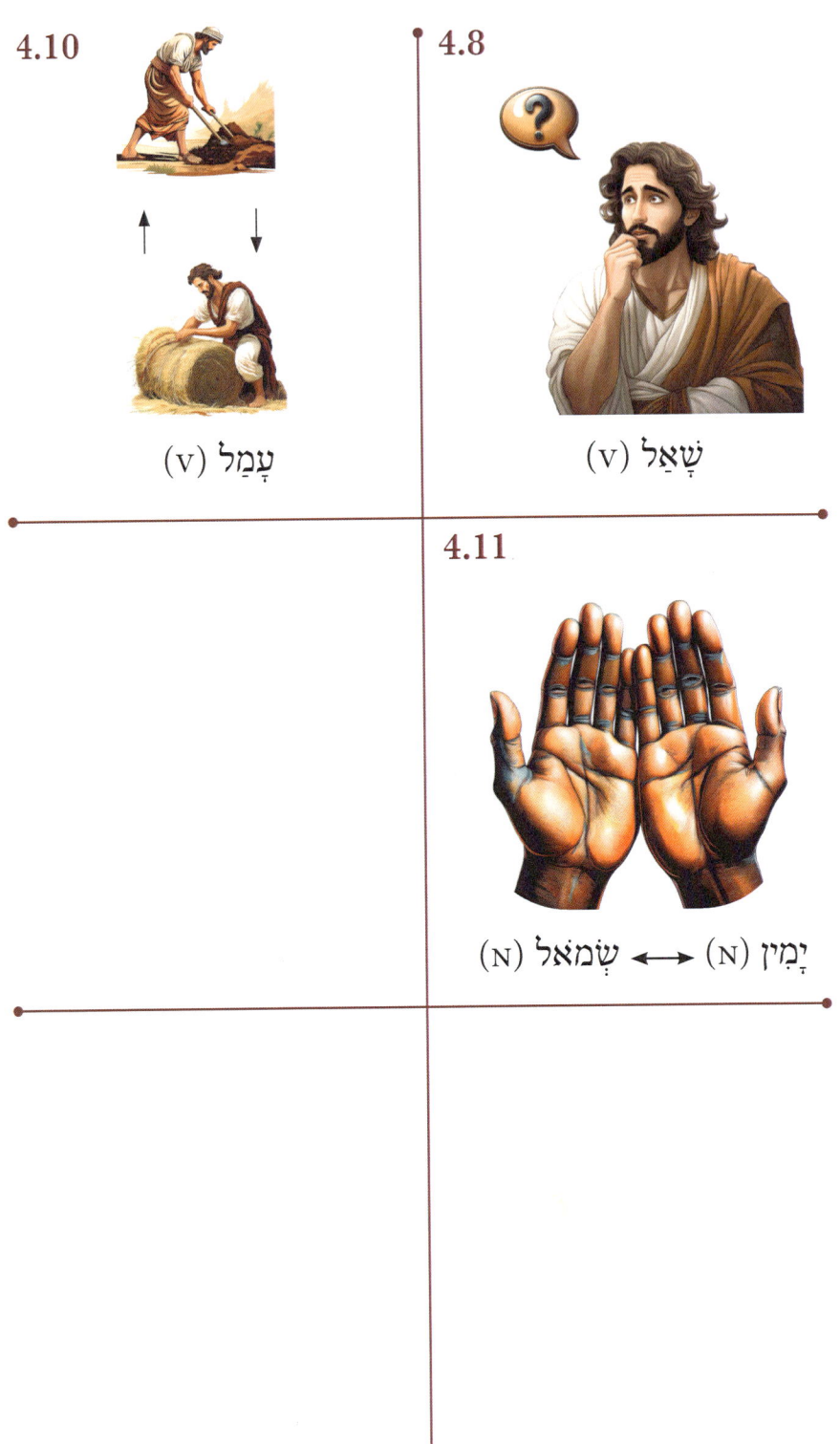

4.8

שָׁאַל (V)

4.10

עָמַל (V)

4.11

יָמִין (N) ⟷ שְׂמֹאל (N)

Glossary

Chapter 1

1.1 יוֹנָה Jonah
1.2 נִינְוֵה Ninevah
1.3 ברח to flee
תַּרְשִׁישׁ Tarshish
יָפוֹ Jaffa
אֳנִיָּה ship
שָׂכָר wages, hire
1.4 טול to hurl, cast
סַעַר storm
חשב to think, consider
שבר to be broken up
1.5 מַלָּח mariners
קלל to lighten
יַרְכָה extreme parts, recesses
סְפִינָה vessel, ship
רדם to fall asleep
1.6 רַב chief
חֹבֵל sailor
אוּלַי perhaps
עשת think, give thought to
1.7 לְכוּ וְנַפִּילָה come, let us cast
גּוֹרָל lots
1.8 בְּשֶׁלְּמִי On whose account?
מְלָאכָה work, occupation
מֵאַיִן from where?
אֵי־מִזֶּה From which people group?
1.9 עִבְרִי Hebrew
יַבָּשָׁה dry land
1.10 יִרְאָה fear
1.11 שׁתק to be quiet
סער to storm
1.12 בְּשֶׁלִּי On my account!
1.13 חתר to row
שׁוב to return (the boat)
יכל to be able
1.14 אָנָּה ah, now!
נָקִיא innocent
חפץ to desire
1.15 עמד to stand still, cease
זַעַף storming, raging
1.16 נדר to make a vow
נֶדֶר vows

Chapter 2

2.1 מנה to appoint
דָּג fish
בלע to swallow
2.2 מֵעֶה bowels
דָּגָה fish
2.3 צָרָה distress
שְׁאוֹל Sheol (underworld)
שׁוע to cry out for help
2.4 מְצוּלָה depths, deep
סבב to surround
מִשְׁבָּר breakers of the sea
גַּל waves of the sea
2.5 גרשׁ to be driven out
יסף to add to do (i.e. to do again, to continue)
נבט to look
2.6 אפף to encompass
תְּהוֹם the deep

סוּף reeds
חבש bound up, wrapped up
2.7 קֶצֶב the extremities of
בְּרִיחַ a metal, wooden bar
שַׁחַת a pit
2.8 עטף be faint
2.9 הֶבֶל idol
שָׁוְא emptiness, vanity
2.10 תּוֹדָה thanksgiving
2.11 קיא vomit up

Chapter 3

3.2 קְרִיאָה proclamation
3.3 מַהֲלָךְ a journey, a walk
3.4 חלל to begin
הפך to be overturned, over thrown
3.5 צוֹם a fast
שַׂק sackcloth
3.6 אַדֶּרֶת a mantle, cloak
אֵפֶר ashes
3.7 טַעַם a decree
טעם to taste
מְאוּמָה anything
3.8 כסה to cover, clothe oneself
חָזְקָה with strength
3.8 חָמָס violence
3.9 חָרוֹן (burning of) anger

Chapter 4

4.2 קדם to be beforehand (Thus, "At first I fled")
חַנּוּן gracious
רַחוּם compassionate
אֶרֶךְ long (of nostrils) i.e.

slow to anger
4.5 קֶדֶם East
סֻכָּה booth
צֵל shadow
4.6 קִיקָיוֹן a plant
4.7 תּוֹלַעַת - תּוֹלֵעָה a worm
שַׁחַר the dawn
מָחֳרָת on the next day
יבשׁ to be dried up, to wither
4.8 זרח to rise
קָדִים East
חֲרִישִׁית scorching, sharp
עלף to be faint, swoon away
4.10 חוס to pity, have compassion
עמל to toil, labor
גדל to cause to grow
בִּן־לַיְלָה came into being in a night
4.11 הַרְבֵּה 'more than' when מִן follows
רְבוֹא ten thousand, myriad

Lingua Deo Gloria exists to serve the people of God by producing Biblical language materials for the global Church. These comprehensible input tools assist pastors and laymen in their study of the Scriptures. All of our works are available for free PDF download at our website LinguaDeoGloria.com. Among these works are two children's picture books, one in Biblical Greek and one in Biblical Hebrew. We encourage families to download these books and print them off at home to enjoy learning Greek and Hebrew together. These books are also available to purchase at-cost on all major online book retailers (Amazon, Barnes and Noble, etc.).

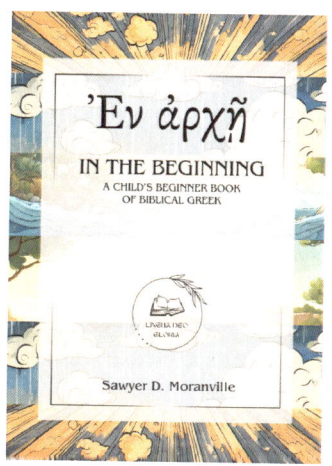

FREE LIVE HEBREW INSTRUCTION

Another one of our free ministries is teaching Biblical Hebrew. Until we have a large enough base of donors, spots are limited. However, you may contact us at admin@linguadeogloria.com to see if there are open spots in our 12-week, online Hebrew courses. Our courses generally align with college and university academic calendars. If you would like to see more slots open in the future for others, we welcome donations.

If you enjoy this book and find it to be helpful for you and others in learning Hebrew, we would be ever grateful if you considered financially partnering with us to support more works like these. You may give via our website's giving platform (LinguaDeoGloria.com) or via mail: 680 Church Rd, Collegeville, PA, 19426.

We release all of our products for free PDF download on our website and sell our printed books at-cost to keep prices as low as possible for Christians across the globe who want to learn the Word of God in its original languages. These free works take a substantial amount of time to complete. Your support will grant us more time producing these materials to be freely distrubuted to many across the globe. This will forever remain a free service to the Church of the Lord Jesus Christ.

If you desire to be up to date with materials that we are working on or find out about recently released projects, you may subscribe on our website to receive periodic email updates. These will not be spam emails. You will learn about everything that we are releasing for free to the public.

ERRORS AND CORRECTIONS

If you find any errors in this book, please contact us directly at our email address (admin@linguadeogloria.com). We are happy to receive your feedback and make this book better for the global Church. Your partnership with us is valuable!

Sawyer Moranville received a Master's of Divinity from The Southern Baptist Theological Seminary in Louisville, Kentucky. After graduating, he moved to Jerusalem with his wife to study Classical and Modern Hebrew. There he received a Master's in Classical Hebrew through the Institute for Biblical Languages and Translation (now, Whole Word Institute). Upon returning to the United States, he founded Lingua Deo Gloria Ministries, a 501(c)(3) non-profit dedicated to both producing free Biblical language materials for the global Church and freely teaching Biblical Hebrew to Christians both online and in-person. He also works for Graterford Bible Fellowship Church which is located in the Philadelphia Metro area.